LEBEN IM JUDENTUM

Auf der Umschlagseite vorn:
Entwurf für einen Trauhimmel (hebr.: Chuppa). Berlin um 1915.
Der hebräische Text (Jeremia 33, 11 und öfter) um den Davidstern herum – als Zeile wiederholt – lautet in deutscher Übersetzung:
»Stimme des Jubels und Stimme der Freude, Stimme des Bräutigams und Stimme der Braut«

Eine größere Anzahl von Exemplaren dieses Buches
wird auf Grund einer Spende aus der
Erbengemeinschaft Mosse
Berliner Schulen zur Verfügung gestellt.

Heinrich Simon

LEBEN IM JUDENTUM

– Persönliche Feste und denkwürdige Tage –

Mit einem Essay
»Sinn und Ziel des menschlichen Lebens in jüdischer Sicht«

HENTRICH & HENTRICH
STIFTUNG NEUE SYNAGOGE BERLIN
CENTRUM JUDAICUM

JÜDISCHE MINIATUREN
Lebensbilder • Kunst • Architektur
Herausgegeben von Hermann Simon

Band 8 Leben im Judentum

Ganzer Straße 10, 16866 Teetz

Satz: Typecraft Fotosatz GmbH, Berlin
Scans: Margit Billeb, Stiftung Neue Synagoge Berlin – Centrum Judaicum
Druck: Brandenburgische Universitätsdruckerei und
Verlagsgesellschaft Potsdam mbH

1. Auflage 2004
Printed in Germany
ISBN 3-933471-60-5

Inhalt

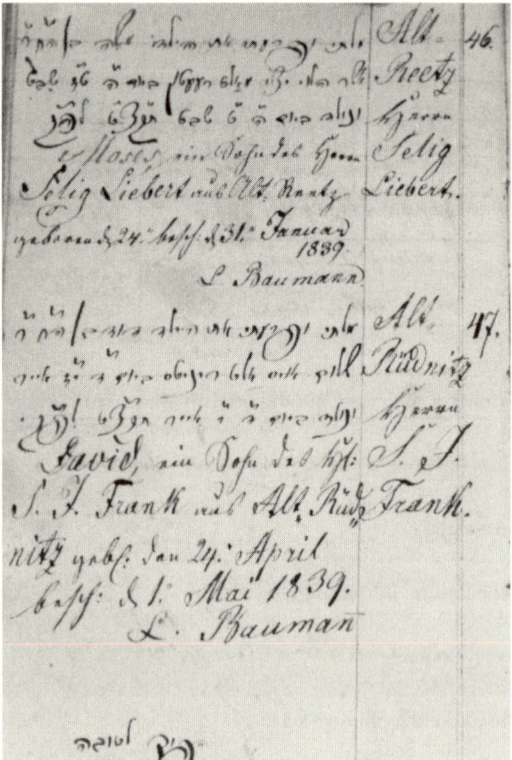
Alt Reetz Herrn Selig Liebert. 46.
Moses, ein Sohn des Herrn Selig Liebert aus Alt Reetz geboren d. 24. beschn. d. 31. Januar 1839.
L. Baumann

Alt Rüdnitz Herrn S. J. Frank. 47.
David, ein Sohn des Hrn: S. J. Frank aus Alt Rüdnitz geb: den 24. April beschn: d. 1. Mai 1839.
L. Baumann

Seite aus dem Register des Mohel L. Baumann.
Abgebildet sind die Eintragungen über Beschneidungen in Alt Reetz und Rüdnitz im Jahr 1839

Geburt und Beschneidung

Als bedeutsame Ereignisse im menschlichen Leben gelten bei Juden wie Nichtjuden Geburt, Erreichen der Mündigkeit, Hochzeit und Tod. So sind im Judentum Beschneidung, Barmizwa bzw. Batmizwa (religiöse Mündigkeit) und Eheschließung mit bestimmten Zeremonien und meist auch mit Familienfeiern verbunden.

Ein Kind, das eine jüdische Mutter gebiert, gilt nach jüdischem Recht als Jude. Eine jüdische Mutter ist eine Person, die der jüdischen Religionsgemeinschaft angehört, wobei es gleichgültig ist, ob sie selbst in die Gemeinschaft hineingeboren ist oder als Proselytin in sie eingetreten ist. Es ist einleuchtend, dass die Mutter ausschlaggebend ist, denn das Kind hat sich ja im Mutterleib entwickelt, so dass die Mutterschaft unmittelbar erweislich ist, während das bei der Vaterschaft nicht der Fall ist.

In der Regel wird ein Kind männlichen Geschlechts am achten Tage seines Lebens beschnitten. Der Beschneidung (Brit mila, ברית מילה) wird große Bedeutung beigemessen: Dieses Ritual erinnert an den heiligen Bund, den Gott mit dem Stammvater Abraham geschlossen hat: »Ich werde meinen Bund errichten zwischen mir und dir und deinen Nachkommen nach dir in allen Geschlechtern als ewigen Bund« (vgl. 1. Buch Mosis, Kap. 17, 7 ff.). Durch die Beschneidung des männlichen Gliedes wird das Kind in diesen Bund aufgenommen. Sie ist auch ein Zeichen verpflichtender Gemeinschaft des einzelnen Juden mit seinem Volk. Wer daher seinen Sohn nicht beschneiden lässt und derjenige, der dies auch

Torawimpel (hebr.: Mappa)
Leinen, bemalt. Rheinland 1816

nach Vollendung seines 13. Lebensjahres nicht nachholt, stellt sich außerhalb des Bundes zwischen Gott und dem Volk Israel.

Ist das Kind an einem Sabbat geboren, findet die Beschneidungszeremonie gleichfalls am Sabbat statt, obgleich sie mit Arbeit verbunden ist. Man kann die Beschneidung auf einen späteren Termin verschieben, wenn es dafür triftige Gründe gibt, z.B. wenn das Kind zu schwächlich ist. Die Beschneidung wird von einem dafür zuständigen Kultusbeamten, dem Mohel (מוהל), vorgenommen oder von einem Arzt. Wie von dem Mohel medizinische Kompetenz gefordert ist, so muss ein Arzt sich der Tatsache bewusst sein, eine kultische Handlung auszuführen. Während in früheren Zeiten das Kind in der Synagoge beschnitten wurde, findet die Zeremonie heutzutage entweder zu Hause statt oder in einer Klinik, sofern ein kompetenter jüdischer Arzt zur Verfügung steht.

Das zu beschneidende Kind wird von den anwesenden Gästen mit den Worten »Baruch ha-ba« (»Gesegnet sei der, der da kommt!«) begrüßt. Der Sandak (Beistand, סנדק) hält dann das Neugeborene für die Dauer der Beschneidung auf dem Schoß.

Während des Beschneidungsaktes preist der Vater des Kindes Gott, der befahl, den Nachkommen in den Bund aufzunehmen. Nach vollendeter Beschneidung sprechen alle Anwesenden einen Segenswunsch: »Wie das Kind in den Bund eingegangen, so möge es auch zum Torastudium, zur Ehe und zu guten Werken eingehen!« Der Mohel erhebt einen Becher Wein, preist Gott, »der den Menschen von Geburt an geheiligt und dessen Fleisch mit dem Zeichen des heiligen Bundes gesiegelt hat«, und bittet Gott, das Kind unter seinen Schutz zu nehmen.

Bei der Beschneidung erhält der Knabe auch seinen jüdischen Namen, mit dem er dann später bei Eintritt in die religiöse Volljährigkeit auch zur Tora aufgerufen wird. Als jüdische Namen gelten nicht nur hebräische, sondern auch griechische, wie z.B. Alexander nach Alexander dem Großen, der als judenfreundlich galt. Der Mohel ist verpflichtet, ein Register der vorgenommenen Beschneidungen zu führen, in dem meist sowohl die jüdischen als auch die bürgerlichen Namen des Kindes vermerkt sind. Nach direkten Vorfahren, die noch am Leben sind, werden Kinder nicht benannt. Das betrifft sowohl den jüdischen Namen als auch den bürgerlichen. Es gilt als unschicklich, ein Kind mit dem Namen seines Vaters zu rufen, und falls dem Kind bei der Beschneidung der Name seines Vaters gegeben wird, lässt sich daraus schließen, dass der Vater vor der Geburt bzw. der Beschneidung des Kindes gestorben ist. Es besteht die Üblichkeit, dass man im Anschluss an die Beschneidung ein festliches Essen veranstaltet, besonders wenn eine größere Zahl von Freunden und Verwandten an der Zeremonie teilgenommen hat. In manchen Gemeinden ist es üblich, dass aus der bei der Beschneidung benutzten Windel ein Torawimpel (Mappa, מפה) gefertigt wird. Auf dieses Band, das um die Torarolle gewickelt wird, sind der Geburtstag des Kindes sowie Segenswünsche gemalt bzw. gestickt.

Die Namensgebung eines weiblichen Neugeborenen erfolgt meist im Rahmen des Sabbatgottesdienstes, an dem die Mutter des Kindes zum ersten Mal wieder teilnimmt. Bei dieser Gelegenheit wird der Vater des Mädchens zur Tora aufgerufen. Nachdem der betreffende Toraabschnitt verlesen ist und der Vater den ab-

Beschneidungsbank von 1772 aus Märkisch Friedland, gehörte einst dem Jüdischen Museum Berlin (Aufnahme um 1933)

schließenden Segensspruch gesagt hat, pflegt er noch den Segensspruch für Errettung aus Lebensgefahr anzufügen (Birkat ha-gomel, ברכת הגומל), d. h. er dankt Gott für die Genesung der Mutter des Kindes. Der Vorbeter oder der Rabbiner spricht dann einen Segen für das Kind und seine Mutter, wobei der Name des Kindes genannt wird. Einen hebräischen bzw. spezifisch jüdischen Vornamen, der vom standesamtlichen abweicht, muss ein Mädchen nicht bekommen.

Auslösung des Erstgeborenen

Wenn das erstgeborene Kind einer Mutter ein Sohn ist, dann findet nach dem Ablauf von dreißig Tagen, also am 31. Tage, falls das nicht ein Sabbat oder ein Feiertag ist, eine Zeremonie statt, die als Pidjon ha-ben (פדיון הבן), Auslösung des Sohnes, bezeichnet wird.

Nach der biblischen Vorschrift sind alle Erstlinge Gott geweiht zum Zeichen dessen, dass alles Leben und alle Gaben von Gott kommen. »Heilige mir alles Erstgeborene. Was bei den Kindern Israel den Mutterschoß eröffnet, bei Mensch und Vieh, das gehört mir.« (2. Buch Mosis, 13,2). Die Erstlinge der Bodenfrüchte wurden im Tempel geopfert; die Erstlinge von Haustieren mussten dem Priester gespendet werden, sofern ihr Fleisch genossen werden durfte; andernfalls musste ein Lamm als Ersatz gegeben werden. Alle erstgeborenen Söhne waren ursprünglich zum Tempeldienst bestimmt, doch wurde diese Verpflichtung dann von den Angehörigen des Stammes Levi übernommen (vgl.

Silbermünze aus Ungarn 1930 (5 Pengö 1930); eingraviert sind die hebräischen Worte Pidjon ha-ben (Auslösung des Sohnes)

4. Buch Mosis, 3, 11 ff.). Auf den Erstgeborenen unter den Menschen liegt eine dreifache Weihe: erstens diejenige, dass alles Erstgeborene (Pflanzen, Tiere und Menschen) Gott geweiht ist. Zweitens ist die Verpflichtung ein Zeichen des Dankes dafür, dass vor dem Auszug der Israeliten aus Ägypten eine der Plagen, die Gott den Ägyptern sandte, das Sterben der Erstgeborenen war, während die Israeliten davon verschont blieben. Schließlich waren ursprünglich alle Erstgeborenen zum Tempeldienst verpflichtet.

Diese Verpflichtung wird nun durch eine Zahlung an einen Kohen, einen Angehörigen der Priesterschaft, abgelöst. Die Erfüllung dieser Pflicht obliegt dem Vater des Kindes. Es ist einleuchtend, dass Kinder von Kohanim und Leviten nicht ausgelöst werden müssen. Auch wenn die Mutter des Kindes die Tochter eines Kohen oder eines Leviten ist, entfällt die Notwendigkeit der Auslösung. Ebenso muss ein Kind nicht ausgelöst werden, wenn die Mutter zunächst eine Fehlgeburt oder eine Totgeburt hatte; der danach geborene Sohn gilt nicht als Erstgeburt.

Das Ritual der Auslösung ist im einzelnen festgelegt. Man legt das Kind vor den Kohen, und der Vater des Kindes erklärt auf die Frage des Kohen, ob er bereit sei, den festgesetzten Auslösungsbetrag von fünf Silberschekeln (etwa 96 Gramm Silber) zu zahlen, sein Einverständnis. Er überreicht dann das Geld dem Kohen und lobpreist in zwei Segenssprüchen Gott, der die Auslösung befohlen hat. Nachdem der Kohen den Betrag entgegengenommen hat, erklärt er das Kind als ausgelöst und segnet es. Die Geldsumme muss in Geldstücken bestehen, Geldscheine sind unzulässig. Da das Ganze einen bloß zeremoniellen Charakter hat, kann der Kohen das empfangene Geld dann dem Vater auch zurückgeben. Es gilt als verdienstvoll, einen bedürftigen Kohen mit der Aufgabe zu betrauen und ihm auf diese Weise eine Unterstützung zukommen zu lassen, ohne dass man ihn in irgendeiner Weise demütigt. Nach dem Ende der Zeremonie pflegt man eine festliche Mahlzeit abzuhalten.

Barmizwa (religiöse Mündigkeit der Knaben)

Die nächste Station im Leben eines Knaben ist die Erreichung der Volljährigkeit. Mit dreizehn Jahren wird der Knabe ein »Sohn der Pflicht« (Bar-mizwa, בר מצווה). Das bedeutet, dass er alle Rechte und Pflichten eines Mitgliedes der jüdischen Gemeinschaft übernimmt und dass sein Vater für ihn hinsichtlich der Erfüllung der religiösen Pflichten nicht mehr verantwortlich ist. Als Barmizwa wird der Knabe von nun an zum Minjan (מניין) – der Anzahl von zehn religiös mündigen Männern, die zur Abhaltung eines Gottesdienstes erforderlich sind – gerechnet. Das ist ursprünglich ein Ereignis, das ganz automatisch eintrat, das aber später mit einer Zeremonie verknüpft worden ist, die ihrerseits Barmizwa genannt wird, obwohl eigentlich damit nur die Person bezeichnet wird. Die Barmizwa ist ein religiöses Fest, das dem Kind die Liebe seiner Eltern und der Gemeinde vor Augen führt und ihm die eigene Verbundenheit mit Gott und dem Judentum nahe bringen soll.

Dem Tag der Barmizwa geht üblicherweise ein Vorbereitungsunterricht voraus, in dem ein Lehrer oder Rabbiner den Jungen

Barmizwa, Mitte der 60er Jahre des 20. Jh.

das Vortragen des Tora-Abschnittes, das Anlegen der Gebetsriemen und des Gebetsmantels lehrt sowie ihn über seine religiösen Pflichten als Barmizwa aufklärt.
Die Barmizwa-Zeremonie besteht darin, dass der nunmehr Erwachsene am Sabbat nach seinem 13. Geburtstag (nach dem jüdischen Kalender) zum ersten Male zur Tora aufgerufen wird, er die Segenssprüche über die Tora spricht, selbst einen Abschnitt aus der Tora vorliest oder auch die Haftara (den Prophetenabschnitt) vorträgt, wozu er vorher weder verpflichtet, noch auch berechtigt war. Hierzulande ist es üblich, dass der Rabbiner eine Ansprache an den Knaben hält und dass der Tag mit der Familie und dem Freundeskreis feierlich begangen wird.

Batmizwa (religiöse Mündigkeit der Mädchen)

Was nun Mädchen angeht, so ist der Termin ihrer Volljährigkeit die Beendigung des 12. Lebensjahres. Von diesem Zeitpunkt an gilt das Mädchen als erwachsen und als heiratsfähig. Eine spezielle Zeremonie ist nicht obligatorisch und in gesetzestreuen Kreisen auch nicht üblich. In liberalen Gemeinden gibt es allerdings eine Art Mädcheneinsegnung, die als Batmizwa (»Tochter der Pflicht«, בת מצווה) bezeichnet wird. In Deutschland ist eine derartige Zeremonie erstmals im Jahr 1817, und zwar in Berlin, belegt.
Die Batmizwa-Feier findet einmal im Jahr statt, und zwar im Rahmen des Gottesdienstes des Wochenfestes (Schawuot). Bei dieser Gelegenheit hält die nunmehr erwachsene Frau einen

kleinen Vortrag über ein religiöses Thema, und der Rabbiner hält eine Ansprache, die sich speziell an das neue Gemeindemitglied richtet.
In einigen liberalen Gemeinden geht man heute so weit, dass für die Mädchen eine individuelle Zeremonie mit aktiver Teilnahme am Gottesdienst – ganz entsprechend der Barmizwa der Jungen – stattfindet.

Eheschließung

Das nächste größere Ereignis im Leben des Menschen ist die Eheschließung. Nach der Ansicht des Judentums gilt die Ehe als ein religiöses Gebot. Der Mensch ist so beschaffen, dass er in ehelicher Gemeinschaft leben soll. Schon im Anfang der Bibel ist von der Ehe die Rede: Weil die Frau aus dem Manne entstanden ist – Eva wurde ja aus einer Rippe des Adam geschaffen –, soll der Mann Vater und Mutter verlassen und seinem Weibe anhangen, und sie sollen zu **einem** Fleische werden (vgl. 1. Buch Mosis, 2, 24). Eine Verlobung im bürgerlichen Sinne gibt es im Judentum nicht, vielmehr ist mit der Verlobung die Ehe bereits vollzogen und rechtlich voll bindend, wenngleich ursprünglich die Zeremonie der Verlobung (Erussin, אירוסין, oder Kidduschin, קידושין) durch einen Zeitraum von 12 Monaten von der Heimführung (Nissuin, נישואין), d.h. der Begründung eines gemeinsamen Hausstandes, getrennt war. Seit dem 12. Jahrhundert etwa sind beide Akte in einer Zeremonie miteinander vereinigt, und die Hochzeit besteht aus dem Zeremoniell der Verlobung – der

Trauring, Venezianisch 16. Jh.

*Entwurf für einen Trauhimmel (hebr.: Chuppa).
Berlin um 1915 (wie Umschlagseite)*

Anheiligung – und der Heimführung. Hochzeiten können nicht an jedem beliebigen Tag stattfinden, sondern nur an Werktagen, denn die Eheschließung erfolgt vor Zeugen, die die Heiratsurkunde unterschreiben müssen, was an Sabbaten und Feiertagen unzulässig ist. Man soll auch nicht eine Freude mit einer anderen vermischen, so dass auch die Zwischentage von Pessach und Sukkot nicht in Frage kommen. Auch in Zeiten, die mit traurigen historischen Erinnerungen verknüpft sind, finden keine Trauungen statt; das ist die Zeit zwischen Pessach und Schawuot, die Sefirazeit, abgesehen vom 33. Tag dieser Periode; ferner die drei Wochen zwischen dem 17. Tammus und dem 9. Aw, dem Tag der Tempelzerstörung.

Der Tag der Hochzeit ist zwar für den einzelnen Menschen ein Freudentag; trotzdem ist er auch ein ernster Tag, ein Tag mit weitreichenden Konsequenzen einerseits, und auch andererseits ein Tag, an dem man trotz aller persönlicher Freude daran denken soll, dass der Tempel zerstört wurde. So ist es üblich, dass am Tag der Hochzeit Braut (Kalla, כלה) und Bräutigam (Chatan, חתן), um den Ernst des Tages zu betonen, bis zum Mittag fasten. Daher pflegt man die Zeremonie der Trauung erst zu der Zeit vorzunehmen, wenn man bereits das Nachmittagsgebet verrichten kann (ab 12.30 Uhr). Dieses Gebet (Mincha, מנחה) wird zunächst gesagt, und es wird das Sündenbekenntnis eingeschaltet, das für den Versöhnungstag obligatorisch ist, damit man sozusagen rein in die Ehe eintritt.

Nach dem Minchagebet erfolgt zunächst die Zeremonie des Bedeckens. Darunter versteht man, dass die Braut mit einem viereckigen Schleier verhüllt wird. Das geschieht in Abwesenheit des Bräutigams in einem anderen Raum. Die Zeremonie soll an den biblischen Bericht von der Stammmutter Rebekka erinnern, die sich beim Anblick ihres Bräutigams Isaak mit ihrem Schleier verhüllte (1. Buch Mosis, 24, 65). Anschließend wird die Trauung vorgenommen. Synagogen haben meistens einen speziellen Trausaal, aber ebenso gut kann man einen beliebigen Raum mieten oder eine Haustrauung veranstalten.

Nun treten Braut und Bräutigam unter den Trauhimmel, die Chuppa (חופה). Vielfach ist es üblich, dass die Braut siebenmal um den Bräutigam herumgeführt wird, bevor sie sich an seine rechte Seite stellt. Dabei wird die Braut meist von ihrem Vater geführt, der Bräutigam von seiner Mutter. Die Chuppa ist ein viereckiges Stück Stoff, an dessen Ecken sich jeweils eine Stange befindet. Die Stangen werden meist von unverheirateten jungen Männern gehalten. Der erste Teil der Zeremonie, die Verlobung oder Anheiligung, besteht aus dem Weinsegen und einem Segensspruch über die Einsetzung der Institution der Eheschließung. Dann trinken Braut und Bräutigam den Wein aus **einem** Becher. Danach steckt der Bräutigam der Braut einen Ring an den Zeigefinger ihrer rechten Hand und spricht eine hebräische Formel, die auf deutsch lautet: »Mit diesem Ring seiest du mir angeheiligt nach dem Gesetz von Moses und Israel.« Der Satz wird dem Bräutigam, um Irrtümer zu vermeiden, Wort für Wort vorgesprochen, mit Ausnahme des Äquivalents von »mir« (hebräisch: »li«). Dies darf nur der Bräutigam selbst sagen, weil andernfalls ja derjenige, der den Text vorspricht, die Trauformel gesprochen hätte und damit verheiratet worden wäre. Ein Ringwechsel findet nicht statt. Der Ring ist ein

Eheleute Rabbiner Heinz Meyer und Ingeborg Meyer geb. Silberstädter unter der Chuppa in der Neuen Synagoge Berlin am 17. Dezember 1939

Geschenk des Bräutigams an die Braut. Darum muss er Eigentum des Mannes sein. Früher waren die Trauringe häufig sehr aufwändig gestaltet; sie trugen mitunter kleine Häuschen, die das künftige gemeinsame Heim symbolisieren. Heute verwendet man in der Regel einfache, schlichte Ringe. Dann wird der Ehekontrakt, die Ketuba (כתובה), verlesen. Dieser Vertrag ist in aramäischer Sprache abgefasst und hat einen festen vorgeschriebenen Wortlaut. Darin verpflichtet sich der Mann zur Fürsorge für die Frau: »Ich will für dich arbeiten, dich ehren und erhalten«. Der Vertrag wird dann von zwei Zeugen unterschrieben. Zum Teil besteht die Üblichkeit, dass auch der Bräutigam unterschreibt.

Nun kommt der zweite Teil der Zeremonie, die sieben Segenssprüche der Heimführung, darauf trinken wieder Braut und Bräutigam Wein aus einem gemeinsamen Becher, dem »Becher des Segens«. Danach zertritt der Bräutigam ein Glas, was nach der Erklärung, die der Talmud gibt, die Dämpfung der Freude zum Zeichen der Trauer um Jerusalem symbolisiert. – Anschließend zieht sich das Hochzeitspaar in einen separaten Raum zurück, um nun endlich allein zu sein und sich durch einen gemeinsamen Imbiss etwas vom Fasten zu erholen. Schließlich folgt das Hochzeitsmahl, das mit dem Tischgebet endet; das hat bei dieser Gelegenheit eine spezielle Einleitung und wird mit den sieben Segenssprüchen der Heimführung abgeschlossen.

Scheidung

Eine Ehe ist natürlich nicht immer glücklich und erfolgreich. Darum gibt es im jüdischen Eherecht auch die Institution der Scheidung (Geruschin, גירושין). Die Prozedur ist allerdings kompliziert. Es ist ein Rabbinatskollegium notwendig und ein Minjan (= zehn Männer), und der Ehemann muss der Frau einen Scheidebrief (Get, גט) ausstellen lassen. Um zu verhindern, dass ein Mann sich unüberlegt aus einer Laune heraus scheiden lässt, muss eine Reihe von Vorschriften minutiös befolgt werden: Es darf kein fertiges Formular benutzt werden, sondern der Get muss bei der Verhandlung speziell geschrieben werden. Das Papier oder Pergament, die Tinte und die Schreibfeder müssen Eigentum des Mannes sein. Das Dokument muss in hebräischer Quadratschrift geschrieben sein, die Buchstaben dürfen nicht miteinander verbunden werden, es darf nicht radiert werden, das ganze Schriftstück muss genau 12 Zeilen umfassen, und als dreizehnte, die zweigeteilt ist, erscheinen die Namen der Zeugen. Für den aschkenasischen Bereich ist seit dem 10. Jahrhundert die Zustimmung der Frau notwendig, d.h. dass die Frau dadurch, dass sie den Scheidebrief berührt, ihr Einverständnis bekundet. Bei der Verhandlung ist die Anwesenheit der Frau nicht erforderlich. Der Get kann ihr auch durch Dritte zugestellt werden. Wenn die Frau den Get annimmt, ist die Scheidung rechtskräftig; das Dokument wird zum Zeichen seiner Gültigkeit mit einem Riss versehen und beim Rabbinatsgericht archiviert.

Da die Ehescheidung die Initiative des Mannes erfordert, der den Scheidebrief geben muss, können allerdings erhebliche Schwierigkeiten eintreten. So kommt es vor, dass der Mann verschollen ist; er ist z. B. als Soldat in einen Krieg gezogen und gilt als vermisst, oder der Mann hat aus beruflichen Gründen eine Seereise angetreten, ist aber nicht zurückgekommen. Dieses Problem kann nach jüdischem Eherecht nur dadurch gelöst werden, dass der Mann sich der Gefahr, in die er sich begibt, bewusst ist und vorsorglich einen Get schreiben lässt, der erst dann gültig wird, wenn er zu einem bestimmten Zeitpunkt nicht zurückgekehrt ist. Es ist auch denkbar, dass ein Mann seine Frau einfach verlassen hat und in ein fernes Land übersiedelt ist, ohne dass sein Aufenthaltsort ermittelt werden kann. Eine Frau, die vergeblich auf die Rückkehr ihres Gatten wartet, wird als verlassene Frau bezeichnet (Aguna, עגונה). Das zuständige Rabbinatsgericht muss sich mit dem Fall befassen und wird versuchen, im Interesse der Frau eine Lösung zu finden, aber das erfordert ein sehr schwieriges und langwieriges Verfahren. Im Prinzip ist der Fall der Aguna religionsgesetzlich bis heute ungelöst.

Lebensende, Bestattung und Trauer

Die jüdische Religion geht davon aus, dass das Leben den höchsten Wert habe, das Diesseits wird in jeder Weise bejaht. Es ist die Aufgabe, die dem Menschen gestellt ist, zu leben, Kinder zu erzeugen und für die Erhaltung der menschlichen Gattung zu sorgen. Der Mensch ist von Gott zum Leben geschaffen, und darum muss alles getan werden, das Leben des Menschen zu erhalten. Bikur cholim (wörtlich: Krankenbesuch, ביקור חולים),

Eingang zum 1880 eingeweihten Friedhof der Berliner Jüdischen Gemeinde in Weißensee

d. h. die Unterstützung seiner Mitmenschen, insbesondere Armer und Kranker, gilt als religiöse Pflicht. Zu diesem Zweck gründeten die Gemeinden seit jeher Vereine, die Bedürftige mit ärztlicher Pflege, Heilmitteln, Unterkunft, Nahrung und Kleidung versorgen.

Wenn der Mensch im Sterben liegt, so ist es erstrebenswert, dass er das Sündenbekenntnis spricht, bzw. mit Personen, die an seinem Lager beten, mitspricht und dass er als letztes das Glaubensbekenntnis »Höre Israel, der Ewige ist unser Gott, der Ewige ist einzig.« (5. B. Mosis, 6, 4) rezitiert. Mit dem Eintritt des Todes beginnt für die nahen Angehörigen, Gatten oder Gattin, Eltern, Geschwister, Kinder, eine Trauerzeit (hebräisch: Aninut, אנינות), die die Periode bis zur Bestattung umfasst. Dieser Personenkreis ist von jeder religiösen Pflicht befreit, braucht nicht zu beten und kann sich ganz seiner Trauer hingeben. Zum großen Teil hat diese Vorschrift den Sinn, dass auf diese Weise den Angehörigen die nötige Zeit gegeben wird, sich um die Bestattung zu kümmern. Allerdings ist ihnen diese Verpflichtung heute durch eine Institution abgenommen, die es in fast allen Gemeinden gibt, die sogenannte Chewra Kaddischa (Heiliger Verein, חברה קדישא). In dieser heiligen Gemeinschaft befassen sich Männer und auch Frauen ehrenamtlich mit der Betreuung von Kranken und auch Toten. Mitglied einer solchen Vereinigung zu sein gilt als besondere Mizwa, als eine fromme Pflicht. Diese Vereinigungen übernehmen es nun, den Toten für die Bestattung vorzubereiten. Dazu gehören die Waschung des Toten, die Bekleidung mit der Totenkleidung, einem langen weißen Gewand, das viele Männer schon zu Lebzeiten besitzen, und einer weißen Kopfbedeckung.

Der Mann bekommt seinen Tallit (טלית), den Gebetmantel, mit ins Grab, wobei aber an einer Ecke die Schaufäden entfernt werden, weil sie ja den Menschen an die Ausübung religiöser Pflichten erinnern sollen, die der Tote ohnehin nicht mehr erfüllen kann. Für die Verrichtungen, die die Mitglieder der Chewra Kaddischa an dem Toten meist in einem Raum auf dem Friedhofsgelände vornehmen, gibt es ganz genaue Richtlinien, die peinlich befolgt werden müssen. Wesentlich ist, dass die gesamte Zeremonie für alle gleich ist. Jeder oder jede bekommt das gleiche Gewand, jeder bekommt den gleichen ganz einfachen Sarg, der von der Gemeinde geliefert wird. Jeglicher Pomp bei der Bestattung und bei allem, was mit ihr zusammenhängt, ist untersagt.

Die Friedhöfe werden als Bet ha-chajjim (Ort des Lebens, בית החיים), oder Bet ha-olam (Ort der Ewigkeit, בית העולם) bezeichnet. Feuerbestattung ist nicht sehr verbreitet. Im gesetzestreuen Judentum ist sie untersagt, während sie in liberaleren Kreisen vorkommt. Auf dem 1880 eingeweihten Friedhof der Berliner Jüdischen Gemeinde in Weißensee wurden Urnen zunächst in normalen Särgen beerdigt. Darüber hinaus gibt es seit Mitte der zwanziger Jahre des 20. Jahrhunderts einige kleine spezielle Urnenfelder.

Die Bestattungszeremonie beginnt mit einer Trauerfeier auf dem Friedhof in einem dafür vorgesehenen Raum. Es wird – meist nach einem einleitenden Gesang des Kantors – eine Trauerrede von einem Rabbiner gehalten; oft sprechen außerdem noch andere Personen. Es gilt als unstatthaft, einem Verstorbenen das ihm gebührende Lob zu verweigern. Allerdings kann sich der

Joseph Budko: Kaddisch (Nr. 4 der vom Jüdischen Museum Berlin 1937 herausgegebenen Ansichtskartenserie)

Grab Nr. 8, Friedhof Große Hamburger Straße, Berlin.
Benjamin Sohn des Jacob David aus Wien = Benjamin Sohn des Jacob David Neumark Mirels = Benjamin Fränkel, gest. Berlin 23. März 1691 (Aufnahme vor 1933)

Verstorbene noch zu Lebzeiten Reden verbeten haben. Insofern ist also eine Rede nicht obligatorisch. Dann folgt ein Gebet, das als Zidduk ha-din (Anerkennung der göttlichen Gerechtigkeit, צידוק הדין) bezeichnet wird. Sein Kerngedanke besteht darin, dass Leben und Tod in der Hand Gottes liegt, dessen Entscheidung immer richtig ist: »Gott hat gegeben und Gott hat genommen; der Name Gottes sei gelobt.« (Hiob 1, 21)

Zu manchen Zeiten des Jahres wird dieses Gebet durch Psalm 16 ersetzt, der analoge Gedanken enthält. Daran schließt sich dann ein Gebet für das Seelenheil des Toten; seine Seele möge Ruhe und Frieden finden. Dann wird von den Trauernden, den nahen Verwandten des Verstorbenen, die sogenannte Kria (קריעה) vorgenommen, sofern sie nicht gleich nach dem Tode ausgeführt wird. Die Kria ist ein Riss: Zum Zeichen der Trauer zerreißt man seine Kleider. Dafür gibt es feste Regeln, indem für die Eltern auf der linken Seite, für andere nahe Angehörige auf der rechten Seite vom Halse an ein Stück senkrecht eingerissen wird und sieben Tage, bzw. für die Eltern dreißig Tage, nicht vernäht werden darf. Auf diese Weise soll der Schmerz nach außen sichtbar gemacht werden; zum Zeichen für den Riss im Herzen wird ein Riss in die Gewänder gemacht. Danach wird der Sarg zu dem bereits vorher ausgehobenen Grabe gebracht. Der Gang von der Trauerfeier zum Grabe wird mehrmals unterbrochen, um die Mühsal dieses Weges anzuzeigen, wobei der 91. Psalm rezitiert wird.

Nachdem man die Grabstelle erreicht hat, wird der Sarg hinabgelassen. Alle Anwesenden werfen drei Hände Erde auf den Sarg, wobei sie jedes Mal sagen: »Von Staub bist du und zum Staube wirst du zurückkehren« (1. Buch Mosis 3, 19), was Gott seinerzeit zu Adam gesagt hatte, als er ihn und seine Frau aus dem Paradies vertrieb. Wenn der Sarg völlig von Erde bedeckt ist, sprechen die Versammelten das Kaddischgebet (קדיש), das auch in Gottesdiensten ständig zum Totengedenken gesagt wird, obwohl es inhaltlich mit den Tode nichts zu tun hat, sondern ausschließlich ein Lob Gottes enthält. Dann sagt man den Trauernden tröstende Worte, wofür es eine feste Formel gibt. Bevor man den Friedhof verlässt, wäscht man sich die Hände. Die Vorstellung, dass die Berührung eines Toten verunreinigt, wird so weit ausgelegt, dass jeder Besuch eines Friedhofs eine Händewaschung erforderlich macht. Vielfach ist es üblich, vorher noch etwas Gras auszureißen und es hinter sich zu werfen, um damit anzudeuten, dass dereinst die Toten auferstehen werden wie das Gras auf dem Felde. Es gilt als verdienstlich, vor dem Verlassen des Friedhofs Almosen zu geben, weil Wohltätigkeit vor dem Tode errettet. Zu diesem Behufe sind am Friedhofsausgang meist Sammelbüchsen aufgestellt.

Jüdische Gräber dürfen niemals eingeebnet werden, um für eine erneute Belegung Platz zu schaffen; sie haben Bestand für alle Zeiten. Dadurch sind jüdische Friedhöfe eine wichtige historische Quelle, »und zwar unter zwei Gesichtswinkeln: Die Grabdenkmäler können als kunstgeschichtliche Zeugnisse ausgewertet werden (...). Die Grabinschriften bewähren sich als Quellen für jüdische Geschichte (...).« Sie sind quasi »steinerne Urkunden, die auch darum von einzigartigem historischem Wert [sind], weil für Juden eine relevante Quellenkategorie nicht existiert, die für Christen verfügbar ist: Kirchenbücher.« (Hermann Simon)

Mit der Beerdigung endet der erste Trauerzustand, während dessen die Hinterbliebenen von allen religiösen Pflichten entbunden sind, und es beginnt die Trauerzeit, die in mehrere Abschnitte zerfällt: Zunächst die Trauerwoche (Schiwa = 7, שבעה), dann der Trauermonat (Schloschim = 30, שלושים) und schließlich, nur nach dem Tod der Eltern, das Trauerjahr. Für die Schiwa besteht die Vorschrift, das Haus nicht zu verlassen, keine festen Schuhe zu tragen und auf niedrigen Schemeln zu sitzen. Berufstätigkeit soll man nicht ausüben und soll sich auch nicht mit dem Studium der Tora beschäftigen, weil das als eine Freude erachtet wird. Darüber hinaus sollten die Trauernden Handlungen vermeiden, die dem Körper nicht unbedingt notwendiges Behagen verschaffen. Daher ist es vielfach üblich, dass männliche Trauernde sich nicht rasieren.

Der Trauernde soll sich um nichts sorgen müssen; darum ist es üblich, dass Freunde und Bekannte gekochtes Essen bringen. Die Jüdische Gemeinde kümmert sich darum, ob die Familie durch den Todesfall bzw. durch das Unterlassen der Berufsausübung in finanzielle Schwierigkeiten gerät, wobei man darauf Wert legt, die Betreffenden nicht zu beschämen. Um das zu vermeiden, hat man – jedenfalls in Berlin und an vielen anderen Orten war das üblich – ein spezielles System entwickelt: Der trauernden Familie werden zwei gefüllte Sparbüchsen ins Haus gebracht, und zu einer von beiden wird ein Schlüssel mitgeliefert. Die Leidtragenden öffnen nun diese eine Büchse und entnehmen ihr den darin vorhandenen Geldbetrag. Je nachdem, ob sie des Geldes bedürfen oder nicht, verfahren sie nun. Entweder behalten sie es ganz oder teilweise, oder sie tun es in die andere, verschlossene

Büchse. Sie können auch noch mehr hineintun als in der geöffneten enthalten war. Die Büchsen werden wieder abgeholt; die eine ist leer und offen, die andere ist voll und zugeschlossen, und niemand weiß, ob die betreffende Familie genommen oder gegeben hat.

Die siebentägige Trauerwoche dauert niemals volle sieben Tage, da der Tag der Beerdigung mitgerechnet wird, obwohl an ihm die Schiwa erst eine Stunde vor dem Einbruch der Nacht beginnt; ebenso rechnet der siebente Tag als voller Tag, wenngleich die Schiwa kurz nach dem Morgengebet beschlossen wird. Der Sabbat unterbricht die Schiwa, denn am Sabbat soll alle Trauer schweigen. Die Trauernden besuchen die Synagoge; sie werden beim Freitagabend-Gottesdienst in den Raum geführt – meist vom Rabbiner und dem Vorbeter –, wobei ihnen noch einmal das Beileid der Gemeinde ausgesprochen wird. Im Trauerhause pflegt man während der Schiwa ein Licht brennen zu lassen oder auch während des Trauermonats.

Wenn die Zeit der strengen Trauerbräuche beendet ist, beginnt eine Epoche, die als Schloschim bezeichnet wird, der Trauermonat, in den die Schiwa miteingerechnet wird. Während der Schloschim verläuft das Leben wieder einigermaßen normal, allerdings vermeidet man Lustbarkeiten. Männliche Leidtragende gehen täglich am Morgen zum Gottesdienst, um Kaddisch zu sagen.

Ein Mann, der seine Frau verloren hat, oder eine Frau, die Witwe geworden ist, darf nicht gleich nach dem Ende des Trauermonats von neuem heiraten, sondern sie müssen eine längere Zeit verstreichen lassen; eine Witwe drei Monate, ein Witwer noch mehr.

Nur wenn der Witwer kleine Kinder hat oder seine Ehe kinderlos blieb, darf er unmittelbar nach dem Ende des Trauermonats eine neue Ehe schließen.

Nach dem Tod von Eltern dauert die Trauerzeit ein Jahr; Kinder, die ihre Eltern verloren haben, meiden während dieser Zeit alle Veranstaltungen, die ausschließlich dem Vergnügen dienen. Kaddisch wird von Söhnen elf Monate lang täglich im Gemeindegottesdienst gesagt, im 12. Monat nicht mehr. Wenn keine in religiöser Hinsicht volljährigen Söhne vorhanden sind, kann ein anderer Angehöriger diese Pflicht übernehmen. In der Frage, ob in einem Schaltjahr das Trauerjahr 12 oder 13 Monate dauert, sind die Meinungen geteilt, meist steht man aber auf dem Standpunkt, dass es sich in allen Fällen um 12 Monate der Trauer handelt.

Der erste Jahrestag der Beerdigung wird im deutsch-jüdischen Sprachgebrauch als »Jahrzeit« bezeichnet. An diesem Tag des Verstorbenen zu gedenken, hat sich wohl auch zuerst im 15. Jahrhundert bei den deutschen Juden eingebürgert und von dort aus verbreitet, so dass mit der Sitte auch der Name heute allgemein üblich geworden ist. Das Wort »Jahrzeit« ist sogar als Vokabel in die hebräische Sprache eingegangen (יאר-צייט). Am Tage der Jahrzeit wird, wie während der Trauerwoche und des Trauermonats, im Hause ein Licht entzündet, das 24 Stunden brennt, und an diesem ersten Jahrestag pflegt man mit einem Minjan, also mit 10 religiös mündigen männlichen Personen, das Grab zu besuchen, um dort Kaddisch zu sagen. Die Jahrzeit wird dann in allen folgenden Jahren nicht mehr am Beerdigungstag, sondern jeweils am Todestag (nach jüdischem Datum) begangen.

Grabstein für Kantor Leo Gollanin auf dem Friedhof der Berliner Jüdischen Gemeinde Berlin-Weißensee

Hierzulande wird, wenn das Trauerjahr beendet ist, der Grabstein gesetzt. Als Inschriften findet man häufig פ"נ, die für פה נטמן/נטמנה (po nitman/nitmena) »hier ist begraben« stehen. Die auch anzutreffenden Buchstaben פ"ט stehen für פה טמון/טמונה (po tamun/temuna) »hier ist geborgen«. Am Schluss der Grabinschrift sieht man oft die Abkürzung תנצב"ה, die ausgeschrieben תהי נפשו/נפשה צרורה בצרור החיים (Tehi nafscho/nafscha zrura bizror ha-chajjim) »Möge seine/ihre Seele eingebunden sein in das Bündel des Lebens« lautet. Auf alten Grabsteinen sieht man oft Abbildungen, wie z. B. Hirsch oder Löwe, die auf den Namen des Verstorbenen hinweisen. Das Symbol der segnenden Hände weist auf einen Kohen, einen Angehörigen der Priesterkaste hin und die Kanne auf einen Nachfahren des Stammes Levi, dessen Mitglieder den Priestern im Tempel das Wasser für Waschungen reichten.

Das Niederlegen und Pflanzen von Blumenschmuck beim Besuch des Grabes entspricht nicht jüdischem Brauch, fand jedoch in der Neuzeit in weniger gesetzestreuen Kreisen Verbreitung. Traditionell legt man zum Zeichen des Gedenkens an den Verstorbenen einen kleinen Stein auf den Grabstein.

Das Ritualbad

Jede jüdische Gemeinde hat nicht nur eine Synagoge, sondern auch ein Bad, und das ist so seit den ältesten Zeiten. Auch bei antiken Synagogen hat man bei Ausgrabungen Badeeinrichtungen gefunden.

Religiöse Kultbäder sind schon in der Bibel vorgeschrieben. Sie dienen dazu, den Zustand der religiösen Reinheit, der durch eine Verunreinigung beeinträchtigt war, wiederherzustellen. Um die Körperpflege geht es eigentlich nur im vermittelten Sinne, indem diesem kultischen Bad eine überaus gründliche und genaue Säuberung vorangegangen sein muss. Das rituelle Tauchbad (Mikwe oder Mikwa, מקווה) dient vornehmlich den Frauen, die es vor der Hochzeit und im Anschluss an eine Menstruationsperiode benutzen müssen, und zwar am siebenten Tage nach der Beendigung der Periode; erst dann ist sexueller Verkehr wieder statthaft. Auch nach der Geburt eines Kindes muss die Mutter in die Mikwe gehen.

Die Mikwe benutzt man auch bei Übertritten zum Judentum.

Eine Mikwe muss entweder aus fließendem Wasser (Quellwasser, Flusswasser) oder aus gesammeltem Regenwasser bestehen. Die erforderliche Wassermenge beträgt mindestens 500 Liter. In dem Bad muss man vollständig bis über den Kopf untertauchen.

Auch neues Geschirr und neue Küchengeräte müssen vor ihrer Benutzung in der Mikwe gespült werden, um kultisch rein zu sein. Diese Prozedur wird »tauweln« (= eintauchen) genannt.

Mikwe, mittelalterliche Anlage, Friedberg (Hessen)

Die jüdischen Speisegesetze

Juden, die sich als gesetzestreu bekennen, halten sich hinsichtlich der Nahrungsmittel, die sie konsumieren, an bereits im Pentateuch verfügte Vorschriften. Diese Verfügungen sind in der späteren Literatur im Einzelnen präzisiert worden und werden unter dem Begriff Kaschrut (כשרות) zusammengefasst. Der Genuss von Blut ist strikt verboten. Das führt dazu, dass bei der Schlachtung dem Tier das Blut möglichst vollständig entzogen wird. Aus diesem Grund wird das Tier geschächtet, d.h. man tötet es durch einen Schnitt durch die Kehle, ohne es vorher zu betäuben; denn eine Betäubung ist der Ausblutung hinderlich.
Es sind nur Säugetiere zum Verzehr geeignet, die Wiederkäuer sind und gespaltene Hufe haben: Rinder, Schafe und Ziegen; auch Rehe und Hirsche, sofern man sie schlachtet, nicht aber wenn sie geschossen werden. Das in der Fleischerei gekaufte Fleischstück muss in der häuslichen Küche durch Wässern und Salzen auch vom letzten Rest Blut befreit werden. Erst dann ist das Fleisch koscher (כשר), d.h. zum Verzehr geeignet.
Vögel – abgesehen von Raubvögeln – dürfen ebenfalls gegessen werden. Fische müssen Schuppen und Flossen aufweisen; andernfalls sind sie nicht koscher – »trejfe« - und daher rituell verboten. Andere Tiere, die im Wasser leben, wie z.B. Krebse, Krabben und Muscheln, gelten nicht als essbar.
Gestützt auf die bereits biblische Vorschrift, man dürfe nicht das Böcklein in der Milch seiner Mutter kochen, besteht ein striktes Verbot, Milch und auch Milchprodukte gleichzeitig mit Fleischgerichten zu essen. Es gibt also fleischige Speisen und milchige.

Anzeige für ein koscheres Restaurant, Berlin 1925

Wenn man Fleischspeisen gegessen hat, muss man einige Stunden warten, ehe man milchige Gerichte zu sich nehmen darf. Bei milchigen Speisen, die leichter und schneller verdaulich sind, ist die Wartezeit kürzer; eine halbe Stunde genügt.

Es gibt natürlich Nahrungsmittel, die weder fleischig noch milchig sind, z.B. Fische, Eier, Gemüse, Früchte. Derartige Lebensmittel werden als »parwe« (פרווה) bezeichnet, d.h. sie sind neutral und können darum mit Fleischigem oder Milchigem gleichzeitig genossen werden. Die Etymologie des Wortes »parwe« ist bisher nicht eindeutig geklärt.

Die Vorschrift der absoluten Trennung von Fleischigem und Milchigem erstreckt sich nun auch auf alle Küchengeräte, wie z.B. Töpfe, Teller, Bestecke u.s.w. Sie müssen getrennt gehalten werden: Erforderlich sind also verschiedene Geschirrschränke und gesondertes Abwaschen. Im Grunde benötigt ein jüdisch ritueller Haushalt alle Utensilien vierfach: milchige und fleischige und außerdem das gleiche noch einmal für das Pessachfest, denn anlässlich dieses Feiertages muss alles Gesäuerte aus dem Hause entfernt sein, und infolgedessen darf das Geschirr, das sonst verwendet wird, nicht in der Küche bleiben, sondern muss separiert werden.

Sinn und Ziel des menschlichen Lebens in jüdischer Sicht

Das Judentum ist häufig als Gesetzesreligion bezeichnet worden, und man hat damit ausdrücken wollen, dass es seine Anhänger verpflichte, eine große Anzahl von Geboten zu befolgen, die im Pentateuch enthalten sind und als deren Urheber Gott angesehen wird. Betrachtet man diese Charakterisierung der jüdischen Religion unvoreingenommen, ohne damit die Wertung zu verbinden, das Christentum sei als Religion der Liebe die Vollendung des Judentums und diesem überlegen, so lassen sich daraus zwei für unser Thema wesentliche Konsequenzen ziehen: Wenn der Kern des Judentums in der Lebensweise seiner Bekenner liegt, so stellt das irdische Leben für den Menschen den höchsten Wert dar. Und in der Tat ist es ein Charakteristikum der jüdischen Religion, dass das Leben auf der Erde nicht als Vorstufe für ein im Jenseits liegendes Glück aufgefasst, nicht das Leben nach dem Tode als das wahre Leben angesehen wird, sondern dass das irdische Leben die eigentliche Aufgabe des Menschen ist. Die zweite Folgerung, die sich mit Recht aus der Charakterisierung des Judentums als Gesetzesreligion ziehen lässt, besteht darin, dass es vornehmlich auf das Handeln des Menschen ankommt; dieses wird von der Religion im einzelnen und sehr genau geregelt, während dem Denken ein recht breiter Spielraum zugebilligt wird und das Judentum seinen Anhängern gestattet, religiöse Lehren auf die unterschiedlichste Weise zu interpretieren. Dasjenige, was die Bibel in Form von Geboten und Verboten dem Menschen auferlegt, ist zu befolgen; aber das, was das biblische

Schrifttum erzählt, muss durchaus nicht wörtlich verstanden werden, sondern lässt sich auf mannigfaltige Weise auslegen und rezipieren.

Die Tatsache, dass es im Judentum keine Instanz gibt, die befugt wäre, verbindliche Interpretationen des zu Glaubenden festzulegen, schafft auch in der Praxis eine Vielfalt von Ansichten, die im Rahmen der Religion ihren Platz haben. Diese Vielfalt erschwert es allerdings, verbindlich zu formulieren, worin für die jüdische Religion der Sinn des Leidens liegt, das Menschen heimsucht, und ebenso das Phänomen des Todes, der Beendigung des Lebens, in dem der Mensch seine religiösen Pflichten erfüllt, im Rahmen des göttlichen Weltplanes zu erklären. Jedenfalls können derartige Fragen nicht mit dem gleichen Maß an Verbindlichkeit beantwortet werden wie diejenigen, die sich auf die Existenz des Menschen als moralisch verantwortliches Wesen beziehen.

Die jüdische Religion geht von der Annahme eines einig-einzigen Gottes aus, der die Welt geschaffen habe. Dieses Schöpfungswerk, das im Anfang des 1. Buches Mosis beschrieben ist, wird durch die Schaffung des Menschen gekrönt; und diese göttliche Tätigkeit wird als etwas uneingeschränkt Gutes und Vollkommenes angesehen. Auf Grund dieser Konzeption ist der Mensch allem anderen Geschaffenen übergeordnet und ist dazu bestimmt, alle Geschöpfe zu beherrschen. Von ihm allein wird in der Schöpfungsgeschichte gesagt, er sei »im Bilde Gottes« geschaffen. Bei aller Unsicherheit und Variabilität der Interpretation einer solchen Formulierung kann man daraus ersehen, dass nach dieser Vorstellung zwischen Gott und dem Menschen ein einzigartiger Kontakt besteht, der enger ist als die Beziehung Gottes zu allem anderen Geschaffenen. Diese Besonderheit des Menschen, die ihn aus der übrigen Schöpfung heraushebt, besteht in seiner moralischen Qualität, in seiner Fähigkeit, Gutes und Böses zu unterscheiden und entsprechend zu handeln. Das gesamte Mosaische Gesetz geht davon aus, dass der Mensch die Fähigkeit und die Möglichkeit besitzt, das Gute zu tun und das Böse zu meiden, und er für sein Tun verantwortlich ist. Dieses Vermögen verdankt der Mensch nach jüdischer Auffassung der Vorstellung, dass er aus dem Staub der Erde gebildet, der Lebensodem ihm aber von Gott eingeblasen sei, so dass er aus Körper und Seele bestehe und auf diese Weise in sich etwas Göttliches, Ewiges berge.

Das Leben ist das höchste Gut des Menschen, da es ihm von Gott gegeben und aufgegeben ist. Und darum ist der Mensch verpflichtet, alles in seinen Kräften Stehende zu tun, um das Leben zu erhalten, das eigene und ebenso das seiner Mitmenschen. Es nimmt uns daher nicht wunder, dass der Selbstmord vom Judentum strikt abgelehnt wird, da er der göttlichen Absicht zuwiderläuft. So ergibt es sich, dass bei der Bestattung eines Selbstmörders keine Zeremonien ausgeführt werden sollen, die der Ehrung des Toten dienen. Allerdings wird diese Bestimmung dadurch gemildert, dass zwischen solchen Personen unterschieden wird, die mit voller Absicht Hand an sich legen, und solchen, die eine derartige Tat im Zustand geistiger Verwirrung und geminderter Zurechnungsfähigkeit begehen. Im Regelfall wird davon ausgegangen, dass der Selbstmörder nicht verantwortlich ist, und nur dem bewusst sein Ende Herbeiführenden werden Ehrungen bei seinem Tode vorenthalten. Vom Selbstmord zu unterscheiden ist allerdings der Märtyrertod, der unter bestimmten Voraussetzungen geboten ist: Die Rettung des Lebens darf nicht um den Preis des Götzendienstes, der Unzucht oder des Mordes erfolgen. Kommt der Mensch in eine solche Grenzsituation, so soll er zur Heiligung des göttlichen Namens sein Leben hingeben. Nur die Entweihung des göttlichen Namens durch Götzendienst, Unzucht und Mord sind unter allen Umständen zu vermeiden, während alle anderen Gebote übertreten werden dürfen, wenn das zur Rettung des Lebens erforderlich ist. Das betrifft nicht nur das eigene Leben, sondern auch das eines anderen. Wenn es gilt, Leben zu bewahren, entfallen beispielsweise alle Vorschriften des Werkverbotes am Sabbat, alle Speisegesetze, denn man geht davon aus, der Mensch solle mit den göttlichen Geboten leben, nicht aber durch sie sterben. Auf diese Weise erhält auch die Medizin eine ethisch-religiöse Fundierung, wie das sehr deutlich bei dem bedeutenden mittelalterlichen Talmudisten, Philosophen und Arzt Maimonides (Moses ben Maimon; 1135–1204) zum Ausdruck kommt, für den zwischen diesen drei nach moderner Vorstellung äußerst heterogenen Betätigungen eine Einheit besteht: Die Philosophie befasst sich mit der Erklärung von Sinn und Zweck der im Talmud kodifizierten Satzungen; die Medizin hingegen dient dem Kampf gegen das Übel, das die von Gott gewollte Harmonie der Welt stört. So wird es zur religiösen Pflicht, durch Prophylaxe und Hygiene die Gesundheit zu erhalten und sie durch Heilung der Krankheiten wiederherzustellen.

Die Diesseitigkeit der religiösen Ziele des Judentums kommt sehr deutlich bei einem Gelehrten des 2. Jahrhunderts u. Z., Rabbi

Jakob, zum Ausdruck, von dem folgender Ausspruch in der Mischna, der mündlichen Lehre, überliefert wird: »Schöner ist eine Stunde in Umkehr (zu Gott) und guten Taten in dieser Welt als das ganze Leben der kommenden Welt. Und schöner ist eine Stunde der Seelenruhe in der kommenden Welt als das ganze Leben dieser Welt.« (Traktat Awot 4,17) Das Glück in der kommenden Welt erlangt nur der, der sich in dieser Welt bewährt hat. Wie wir aus diesem Ausspruch sehen, geht das Judentum davon aus, dass mit dem Tode nicht alles zu Ende ist, sondern dass es nicht die Absicht des göttlichen Schöpfers gewesen sein kann, den einzelnen Menschen spurlos verschwinden zu lassen. Die Vorstellungen des Judentums, was nach dem Tode mit dem Menschen wird, stehen allerdings gegenüber den Pflichten des Menschen auf Erden deutlich im Hintergrund und besitzen im allgemeinen keine bindende Geltung.

Doch zunächst wollen wir einen Blick auf das Problem des Leidens werfen, denn es ist natürlich auch dem Judentum nicht verborgen geblieben, dass das Leben des Menschen vielfach durch Leid erschwert und beeinträchtigt wird. Das betrifft sowohl das Unglück, das dem Menschen durch Schicksalsschläge widerfährt, als auch die Schmerzen, die ihm durch Krankheiten zugefügt werden. Die Tatsache, dass es in der Welt Leid und Not gibt, stellt für eine Religion, die wie das Judentum davon ausgeht, dass die göttliche Schöpfung gut sei, ein schwieriges Problem dar. Denn wie ist das Übel zu erklären; warum könnte Gott, der allmächtig ist und der das Gute will, nicht seine Schöpfung vor allem Übel bewahren? Da man von den religiösen Prämissen her den Standpunkt akzeptieren muss, dass Gott dazu in der Lage wäre, dem Menschen keine Leiden aufzubürden, kann es nur die Antwort geben, dass das Leiden des einzelnen von Gott gewollt ist. Und da Gott als absolut gerecht verstanden wird, bietet sich zunächst für die Tatsache des Leidens eine pädagogisch-moralische Erklärung an: Leiden ist eine Strafe für böses Handeln und ruft den Sünder zur Besserung auf. Aber zweifellos kann eine solche Erklärung allein nicht restlos befriedigen, weil die Praxis zeigt, dass es Bösen oft gut geht, während Fromme und Gerechte leiden. Die Kabbala, die jüdische Mystik des Mittelalters, operiert mit dem Gedanken, dass durch Adams Fall, durch seinen Ungehorsam gegenüber Gott und die anschließende Vertreibung aus dem Paradies, das Leiden in die Welt gekommen sei, weil der ursprüngliche göttliche Plan, der dem Menschen ein paradiesisches Leben eröffnete, durch den Menschen selbst durchkreuzt wurde. Die mittelalterliche jüdische Philosophie erklärt unter dem Einfluss des Neoplatonismus das Böse in der Welt häufig als die Abwesenheit des Guten; indem das Gute mit dem Seienden gleichgesetzt wird, gilt die Absenz des Guten als bloße Privation, so dass das Böse mit dem Nichtseienden identifiziert und damit seiner Realität beraubt wird. Die klassische Auseinandersetzung der jüdischen Religion mit dem Leiden finden wir im biblischen Buch Hiob. Hier werden Leiden als Versuchung verstanden, als Probe der Standhaftigkeit des Hiob, der auch in Situationen, die für ihn schwierig sind, schließlich sich vertrauensvoll in sein Schicksal ergibt und der dann für seine Treue doch den ihm gebührenden Lohn empfängt.

Aber alle Schicksalsschläge, die der Mensch erleidet, sei es Not und Elend, seien es Krankheiten und Schmerzen, werden im letzten Grunde in der jüdischen Vorstellungswelt doch in eine im allgemeinen optimistische Grundhaltung eingeordnet; das Vertrauen darauf, dass die Welt gut und gerecht eingerichtet ist und dass der Mensch, der seine Pflichten in der Welt zu erfüllen sucht, zum Glück gelangt, bleibt unerschüttert. Der Ausspruch des Gelehrten Nachum aus Gimso (1. Jh. u. Z.), der, wenn ihm ein Übel widerfuhr, zu sagen pflegte: »Auch das ist zum Guten«, gehört zu den bekanntesten talmudischen Zitaten und ist noch heute die gebräuchliche Reaktion orthodoxer Juden auf einen Unglücksfall.

Vermag sich derjenige, dem Missgeschick widerfährt, auf diese Weise zu trösten, so kann er auf der anderen Seite sicher sein, dass er von seinen Mitmenschen in der Stunde der Not nicht verlassen wird. Es gehört zu den in der Bibel formulierten Pflichten des Menschen, anderen zu helfen, ihre Nöte in materieller und ideeller Hinsicht zu lindern. Das gilt gegenüber allen Menschen; jeder kann stets solidarischen Beistandes gewiss sein. Darum ist es im Rahmen des Judentums zu allen Zeiten und überall zum Ausbau eines dichten Netzes karitativer Vereinigungen gekommen. Besonders besteht die Verpflichtung, für Arme und Kranke zu sorgen. Eine solche Hilfe ist vom jüdischen Standpunkt mehr als eine lobens- und empfehlenswerte Handlung, sie ist vielmehr eine Pflicht; auf der anderen Seite hat der Arme das gesetzlich verbriefte Recht auf tätigen Beistand, und der Kranke soll nicht nur medizinisch behandelt, sondern auch von seinen Mitmenschen betreut und getröstet werden. Da das Leben den höchsten Wert für den Menschen darstellt, ist alles zu tun, um es zu erhalten. Infolgedessen ist es unter keinen Umständen statthaft, das

Leben eines Menschen zu verkürzen, so dass Euthanasie vom Judentum im Prinzip abgelehnt wird. Andererseits soll aber auch das Leben nicht künstlich verlängert werden, wo keine wirksame Hilfe mehr möglich ist, weil der Mensch im Sterben liegt. Sobald der Zustand der Agonie eintritt, hat jede Berührung des Sterbenden zu unterbleiben, wohl aber soll er nicht allein gelassen werden, sondern man betet mit ihm, veranlasst ihn, seine Sünden zu bekennen, um sein Leben entsühnt beenden zu können.

Das Judentum geht davon aus, dass die Welt gerecht ist und dass die gute Tat belohnt wird, während auf die böse die Strafe folgt. Dabei wird deutlich darauf hingewiesen, dass man gut handeln müsse, um aktiv an der Verwirklichung der göttlichen Absicht einer guten Welt mitzuwirken, nicht aber zu dem Zweck, persönlichen Nutzen davon zu haben. »Der Lohn der guten Tat besteht in ihr selbst« (Mischna, Traktat Awot 4,2). Dass aber der erwartete Lohn häufig ausbleibt, ist eine übliche menschliche Erfahrung, mit der sich auch die Religion auseinanderzusetzen hat. Entsprechend den antiken Ansichten steht auch das Judentum auf dem Standpunkt, dass mit dem Ende des Lebens kein endgültiger Schlussstrich gezogen ist, und es gibt eine ganze Reihe von Vorstellungen über dasjenige, was kommt, nachdem der Mensch seinen letzten Atemzug getan hat. In der Tat ist es für den Menschen ein tröstliches Gefühl, wenn er davon überzeugt sein kann, dass sein Leben und all sein Mühen nicht letzten Endes so zunichte werden, als habe er nie gelebt. Im biblischen Schrifttum finden wir zunächst die Vorstellung, dass die Toten ein Schattendasein in der Unterwelt führen, und im Buch Kohelet, das schon in die hellenistische Zeit gehört, wird formuliert, dass der Körper wieder zu Staub werde, die Seele jedoch zu Gott zurückkehre, der sie gegeben habe (12, 7). In der talmudischen Zeit sind die Darlegungen über dasjenige, was den Menschen nach seinem Tode erwartet, ausführlicher, indem das Problem mit den Vorstellungen über das kommende Messiasreich verbunden wird. Der Messianismus, die Erwartung einer gerechten und glücklichen Welt, ist zunächst in der biblischen Literatur eine Zukunftshoffnung, die keineswegs eschatologisch verstanden werden muss, sondern einen Zustand schildert, der dereinst eintreten wird, wenn ein Nachkomme des Davidischen Königshauses zur Herrschaft kommt und ein Reich des allgemeinen Friedens und der Gerechtigkeit errichtet. »Und er erhebt ein Panier den Völkern und sammelt die Verstoßenen Israels, und die Zerstreuten von Juda versammelt er von den vier Enden der Erde.« (Jesaja,11,12) »Und es wohnt der Wolf mit dem Lamme, und der Tiger lagert neben dem Böcklein, und Kalb und junger Leu und Maststier zusammen, und ein kleiner Knabe leitet sie (...). Und es spielt der Säugling auf dem Loch der Natter, in die Höhle des Basilisken steckt seine Hand das entwöhnte Kind. Sie tun kein Leid und richten nicht Verderben an auf meinem ganzen heiligen Berge; denn voll ist die Erde der Erkenntnis Gottes, wie Wasser die Meerestiefe bedecken.« (Jesaja 11, 6ff.) »Und geschehen wird es in späten Zeiten, da wird aufgerichtet sein der Berg des Hauses Gottes über den Bergen, und er überragt die Hügel, und es strömen zu ihm all die Völker. Und viele Nationen werden ziehen und sprechen: Wohlan, lasset uns hinaufgehen zum Berge des Ewigen, zum Hause des Gottes Jakobs, dass er uns lehre von seinen Wegen und wir wandeln auf seinen Pfaden, denn von Zion wird die Lehre ausgehen und das Wort des Ewigen von Jerusalem. Und er wird richten zwischen den Völkern und entscheiden über viele Nationen, und sie werden stumpf machen ihre Schwerter zu Sicheln und ihre Lanzen zu Rebenmessern. Nicht wird erheben Volk gegen Volk das Schwert, und nicht lernen sie fürder den Krieg« (Jesaja 2, 2–4; Micha 4, 1–3). »Und sitzen wird jeglicher unter seinem Weinstocke und unter seinem Feigenbaume, und keiner stört (…)« (Micha 4, 4). Das rabbinische Judentum verbindet diese Vorstellung von einer Welt des Friedens und der Gerechtigkeit mit der Überzeugung von der Auferstehung der Toten, die dann auch für ihre Taten während ihres einstigen Lebens gerichtet werden und, sofern das Urteil positiv ist, an der kommenden Welt Anteil haben und paradiesische Freuden genießen werden. Im allgemeinen wird davon ausgegangen, dass diese Wiederbelebung der Toten wörtlich zu verstehen ist, dass die leib-seelische Einheit, die mit dem Entweichen der Seele im Augenblick des Todes beendet wurde, nun zu einem späteren Zeitpunkt wiederhergestellt wird. Diese Auffassung hat dazu geführt, dass die Feuerbestattung vom gesetzestreuen Judentum nicht befürwortet wird. Sie ist auch der Grund dafür, dass jüdische Gräber erhalten werden müssen und nicht nach einer gewissen Frist eingeebnet werden dürfen. Die Vorstellung, dass mit dem Tode des Menschen kein absolutes Ende gesetzt ist, dass vielmehr irgendwann einmal der Mensch zum Glück kommt, sofern er während seines Lebens seinen Verpflichtungen als Mensch gerecht geworden ist, kann durchaus einen Stimulus darstellen, Widrigkeiten des Lebens zu ertragen und auch dem Tod gefasst entgegenzusehen. Die Konzeption eines messianischen Zeitalters kann diesseitig verstanden werden als ein Zustand, der einmal auf der Erde herrschen wird und zu dessen Kommen auch der Mensch durch sein Tun beitragen kann; sie kann aber auch in die Transzendenz verlagert werden. Beide Tendenzen sind im Judentum vorhanden, wobei allerdings die Auffassung, es handele sich hier um das irdische Leben, im allgemeinen vorherrscht. Neben den Vorstellungen vom Messiasreich stehen diejenigen von der kommenden Welt, die dieser Welt entgegengesetzt wird. Es heißt in der Mischna (Traktat Sanhedrin 10,1), dass ganz Israel an der kommenden Welt teilhaben werde, abgesehen von Abtrünnigen und Abweichlern, zu denen auch diejenigen gezählt werden, die bestreiten, dass die Wiederbelebung der Toten zu den Lehren der Tora gehöre.

Der Gedanke einer Welt, die nach der bestehenden von Gott geschaffen wird, erwächst aus der Annahme ihrer Endlichkeit. Da die Schöpfung einen Anfang darstellt, das Geschaffene einen Beginn hat, gelangt die Welt auch an eine zeitliche Grenze, und das wird dann der Fall sein, wenn alle von Gott vorgeplanten Geschlechter ins Leben getreten sein werden. Es ist dabei zu betonen, dass eine solche Konzeption der Endlichkeit der Welt in sehr verschiedener Weise rezipierbar ist und sogar den Gedanken der Weltewigkeit nicht ausschließt, wenn man diese als ständiges Entstehen und Vergehen und als dauernde Wiederkehr von Gleichem verstehen will. Man soll sich allerdings davor hüten, diese religiösen Vorstellungen aus Bibel und rabbinischem Schrifttum als durchdachte wissenschaftliche Systeme interpretieren zu wollen. Nehmen wir die These von der zeitlichen Begrenztheit der Welt unreflektiert in ihrem einfachen Wortsinn, dass nämlich einmal das irdische Leben nicht mehr bestehen wird, dann müssen wir beachten, dass eine solche Position im Judentum verbreitet und legitim ist, jedoch keineswegs verbindlich, weil es die jüdische Religion nicht als ihre Aufgabe ansieht, über solche Probleme zu befinden; denn ihr geht es um die Beziehungen zwischen dem Menschen und Gott bzw. zwischen den Menschen untereinander. Gestützt wird die Vorstellung von einer neuen, kommenden Welt durch eine Formulierung im Buch Jesaja (65, 17): »Denn siehe, ich erschaffe einen neuen Himmel und eine neue Erde.«

Der Jesaja-Vers erfordert nicht unbedingt ein eschatologisches Verständnis, und diese neue Erde muss nicht als jenseitig im Gegensatz zum Diesseits verstanden werden. Vielmehr sind beide Interpretationen, eine auf die Zukunft und eine auf die Transzendenz gerichtete, möglich. Jedenfalls wird aber diese kommende Welt nach rabbinischer Auffassung perfekt und für die Dauer sein. Bei den messianischen Verheißungen ist – anders als im Christentum – die Betonung der Diesseitigkeit der Ereignisse prävalent, und das hat auch im Laufe der Geschichte innerhalb des Judentums immer wieder dazu geführt, dass, vor allem in Zeiten großer Not, Personen mit messianischem Anspruch aufgetreten sind, dem sie sich dann nicht gewachsen zeigten. Die kommende Welt wird hingegen im allgemeinen als Metapher verstanden. Die messianische Ära schließt das irdische Geschehen ab, gleichgültig ob sie als in der Zeit oder als nach ihr liegend verstanden wird. Nachdem dann die Toten auferstanden sein werden, hat sich die gesamte Menschheit endgültig für ihre Taten vor Gott zu verantworten. In diesem göttlichen Gericht werden die Guten belohnt und die Bösen bestraft; in diesem Zusammenhang finden wir die Vorstellungen von Paradies auf der einen Seite und Hölle auf der anderen. Doch ob der Mensch zum ewigen Heil oder zur Verdammnis bestimmt ist, liegt bei ihm selbst während seines Lebens auf Erden, denn nach jüdischer Auffassung ist ihm der freie Wille gegeben, das Gute zu tun und das Böse zu lassen. »Alles ist in Gottes Gewalt außer der Gottesfurcht« (Babyl. Talmud, Traktat Brachot, fol. 33b). Und darum ist auch eine Stunde der Umkehr und der guten Taten in dieser Welt schöner als das ganze Leben der kommenden Welt, weil es der Mensch selbst ist, der während seines irdischen Lebens über sein endgültiges Schicksal entscheidet, er nur auf Erden Gutes tun kann, dem er dann sein postmortales Glück verdankt. Solange der Mensch auf der Erde lebt, kann er seine Sünden bereuen und auf diese Weise die göttliche Vergebung erlangen, aber nach dem Tode gibt es keine Reue mehr, sondern nur noch die demütige Unterwerfung unter das gerechte göttliche Urteil. Auf diese Weise kann selbst die reuige Umkehr auf dem Totenbett das dauernde Verhängnis abwenden, ein Gedanke, der einem Sterbenden Trost zu spenden vermag. So erklärt es sich auch, dass in der Mischna davon die Rede ist, dass – mit gewissen Ausnahmen – alle Israeliten an der kommenden Welt Anteil haben werden, weil man davon ausgeht, dass sie irgendwann während ihres Lebens, und sei es in ihrer letzten Stunde, den Weg zum Guten finden werden.

Mit dieser Formulierung, dass die Israeliten zu ewigem Glück gelangen sollen, werden andere Menschen keineswegs ausgeschlossen. An anderer Stelle wird gesagt, dass die Gerechten aller

Völker daran Anteil haben. Allerdings bleiben die Meinungen geteilt, ob das zukünftige Glück nur den Bekennern der jüdischen Religion zuteil werden wird oder ob alle Menschen daran beteiligt sein können. Der Grund dafür, dass die genannte Mischnapassage nur Juden erwähnt, mag einerseits darin bestehen, dass sich die Mischna in ihren Lehrsätzen nur an Juden wendet und es darum offen lässt, was in diesem Falle mit anderen geschieht. Andererseits muss man berücksichtigen, dass diese Texte in der Zeit der römischen Fremdherrschaft in Palästina zusammengestellt wurden; die Nichtjuden, die man kannte, waren vornehmlich die Anhänger der antiken Götterkulte, die zugleich in politischer Hinsicht die Bedrücker darstellten. Diese Situation macht es verständlich, dass das Interesse der Juden am ewigen Glück der anderen nicht eben im Vordergrund stand. Das sich ausbreitende Christentum wurde als Irrglaube abgelehnt, und die Polemik gegen diese Lehre konnte schwerlich zu übermäßig toleranter Haltung gegenüber seinen Anhängern führen. Infolgedessen ist es bemerkenswert, dass es überhaupt jüdische Stimmen gab, die das Bekenntnis zum Judentum nicht als Vorbedingung für den sittlichen Wert des Menschen betrachteten.

Was denjenigen erwartet, der an der kommenden Welt Anteil hat, wird in der jüdischen Literatur in der verschiedensten Weise ausgemalt und kann hier nur angedeutet werden. Zu der Formulierung »kommende Welt« tritt noch die Vorstellung vom Paradies, das als »Garten Eden« bezeichnet wird, wie auch der Ort genannt wird, an dem sich Adam, der erste Mensch, ursprünglich befand. Das Urzeitparadies wird aber mit dem zu erwartenden paradiesischen Aufenthaltsort der Zukunft niemals identifiziert;

nur die Kulisse ist dieselbe: eine schöne Landschaft, in der der Mensch friedlich und ohne sich mühen zu müssen seine Tage verbringt. Niemals wird das Glück als eine Rückkehr zur Primitivität verstanden.

Maimonides kommentiert ausführlich die Mischnastelle, dass ganz Israel an der kommenden Welt teilhaben werde, und stellt verschiedene gängige Vorstellungen vom künftigen Leben zusammen, die er in fünf Gruppen systematisiert, ohne dass die Problematik endgültig zu klären sei.

Ohne auf weitere Einzelheiten einzugehen, die mit dem zukünftigen Leben verbunden sind, lässt sich sagen, dass Messiasreich, künftige Welt und Paradies zwar begrifflich voneinander absetzbar sind, sich aber vielfach verschlingen und ineinander übergehen. Klarheit ist hier nicht nur nicht zu erreichen, sondern ist auch in der jüdischen Tradition nie angestrebt worden, weil eben nie die Zukunft als jenseitig und der Sinn des Lebens im Tode gesehen worden ist.

Seit der Berührung des Judentums mit der griechischen Kultur im Zeitalter des Hellenismus ist nun auch die Vorstellung von einem leib-seelischen Dualismus aufgenommen worden, so dass die Seele bzw. der Intellekt als der unsterbliche Teil des Menschen verstanden wurde, während der Körper zugrunde geht. Wie in der gesamten mittelalterlichen Philosophie spielt dieser Gedanke auch bei den jüdischen Philosophen eine Rolle. In der Regel geht es um den vernünftigen Seelenteil, den Intellekt, der nicht nur den Menschen mit der höheren Welt verbindet, sondern der auch das eigentlich Menschliche im Menschen im Unterschied zum Tier darstellt. Das Glück, zu dem die Philosophie führen will, liegt in der Erkenntnis, durch die die Einzelseele geläutert wird, emporsteigt und sich immer mehr Gott annähert, indem sie die Gesetzmäßigkeit der Welt in wachsendem Maße begreift. Die Möglichkeit, zu diesem Glück zu gelangen, besteht für den Menschen zwar im Prinzip bereits während seines Lebens, wird jedoch im allgemeinen erst dann erreicht, wenn alle Hemmnisse ausgeschaltet sind, die aus der Bindung der Seele an` den Körper erwachsen. Ob diese Rückkehr der Seele in ihre Heimat, die intelligible Welt, die Individualität aufhebt und die Seele des Menschen wieder in einen allgemeinen Intellekt einfließt, aus dem sie stammt, oder ob sie als der wahre und eigentliche Mensch fortlebt, wird unterschiedlich beantwortet, sofern eine solche Frage überhaupt eine Rolle spielt. Interessant ist die Position des Gersonides (1288–1344), desjenigen jüdischen Philosophen im Mittelalter, bei dem der Rationalismus am schärfsten ausgeprägt ist: Da die Arbeit der Gelehrten den Verzicht auf viele Genüsse erfordert, muss der postmortale Lohn einen Ausgleich schaffen. Darum wäre es nicht gerechtfertigt, wenn diejenigen, die sich auf Erden ausschließlich um intellektuelle Vervollkommnung bemühen, den gleichen Lohn empfingen wie andere, indem jede fortlebende Seele in eine kollektive Unsterblichkeit einginge. Die ausgleichende Gerechtigkeit erfordert vielmehr ein individuelles intellektuelles Fortleben; der Beitrag des einzelnen zur Erkenntnis verewigt sich als die von ihm hinterlassene individuelle Spur als gewichtigere oder schwächere intellektuelle Unsterblichkeit.

Auch in der Kabbala, der jüdischen Mystik, ist der Gedanke der Unsterblichkeit der Seele heimisch. Sie hat die Platonische

Vorstellung, dass die wahre Realität die geistige Welt sei, mit der den Menschen seine Seele verbindet, aufgenommen und entwickelt. Die jüdische Mystik sieht als Ziel des Menschen den Aufstieg der Seele in die höhere Welt und ihre größtmögliche Annäherung an das Göttliche. Dieses Ziel kann der Mystiker bereits während seines irdischen Lebens erreichen, wenngleich nur im Zustand der zeitweiligen Ekstase. Der endgültige Aufbruch der Seele zu ihrem himmlischen Ursprung findet nach ihrer Trennung vom Leibe statt und ist durch den Grad der Erfüllung der irdischen Pflichten des Menschen bestimmt: Nur derjenige, der während seines Lebens alle biblischen Vorschriften erfüllt hat, besitzt eine reine Seele, die nun des Glücks teilhaftig wird. Die Seelen der Frevler und der Indifferenten hingegen bedürfen der Reinigung. Die Kabbala operiert daher mit der Lehre von der Seelenwanderung; durch die Reinkarnation der sündigen Seele soll ihr die Gelegenheit der Besserung gegeben werden. Solange die Seele durch die Welt wandert, ist sie individuiert; ob sie allerdings, wenn sie ihre Wanderung endgültig abgeschlossen und den Ort ihres Ursprungs wieder erreicht hat, sie selbst bleibt oder im Allgemeinen aufgeht, ist nicht eindeutig bestimmt.

Der Gedanke des Fortlebens der Seele, die im himmlischen Paradies ihre ewige Ruhe und den dauernden Frieden findet, hat im Laufe der Entwicklung des Judentums immer mehr Gewicht gewonnen. So finden wir auch im Gebetstext, der zu Ehren Verstorbener gesprochen wird, den Wunsch, dass die Seele des Betreffenden Ruhe finden möge und dem Toten das ewige Leben zuteil werde. Auf Grabsteinen ist häufig die Formel »Möge seine Seele eingebunden sein in den Bund des Lebens« zu finden.

Die eschatologischen Vorstellungen haben sich im Judentum im Laufe seiner langen Entwicklung geändert, nicht nur darum, weil sich auf Grund gesellschaftlicher Entwicklungen auch die Religion gewandelt hat, sondern auch deshalb, weil diese Auffassungen im einzelnen nie verbindlich waren. Unverändert ist durch alle Zeiten der Primat des Diesseits vor dem Jenseits, die Konzentration auf das Leben gegenüber dem Tod geblieben. Der Psalmvers »Nicht die Toten loben Gott (...) sondern wir (...)« (115, 17 f.) fasst diese Einstellung ebenso präzis zusammen, wie sie im Buch Kohelet drastisch mit den Worten »Ein lebender Hund ist besser als ein toter Löwe« (9, 4) ausgedrückt wird.

Bildnachweis:
Sammlung Hermann Simon: S. 6, S. 13 und S. 29; Repro aus Jüdischem Lexikon: S. 19 oben und S. 39; Repro aus Gemeindeblatt der Jüdischen Gemeinde zu Berlin vom 8. 10. 1925: S. 41; Umschlagseite vorn sowie alle anderen Abbildungen: Stiftung Neue Synagoge Berlin – Centrum Judaicum; (Foto: Margit Billeb)
Alle Schmuckvignetten stammen von E. M. Lilien und sind dem Band »Morris Rosenfeld, Lieder des Ghetto« (1. Auflage 1903) entnommen.

Heinrich Simon
Geboren 1921 in Berlin. Mütterlicherseits ist die Familie seit 1671 in Berlin, väterlicherseits seit 1814 in Crossen a. d. Oder nachweisbar.
Abitur 1939 in Berlin. Emigration in das damalige Palästina nach Kriegsbeginn im Dezember 1939. Studium an der Hebräischen Universität Jerusalem. 1941 bis 1946 Soldat in einer jüdischen Einheit der Britischen Armee. Rückkehr nach Berlin 1947. Studium an der Humboldt-Universität. Promotion 1951 in Philosophie und Soziologie mit einer Arbeit zur griechischen Philosophie. Nach einer wissenschaftlichen Aspirantur 1956 Habilitation mit einer Studie zur arabischen Philosophie des Mittelalters. Ab 1957 Hochschuldozent dann Professor für Philosophiegeschichte, Hebraistik und Arabistik in Berlin. Emeritiert 1986.

Reihe jüdische Miniaturen

LEBENSBILDER · KUNST · ARCHITEKTUR
Herausgegeben von Hermann Simon

Hermann Simon **Band 1**
Moses Mendelssohn ISBN 3-933471-45-1
Gesetzestreuer Jude und deutscher Aufklärer

Christian Schölzel **Band 2**
Walther Rathenau ISBN 3-933471-44-3
Industrieller · Schriftsteller · Politiker

Chana Schütz **Band 3**
Max Liebermann ISBN 3-933471-47-8
Impressionistischer Maler · Gründer der Berliner Secession

Elisa Klapheck **Band 4**
Regina Jonas ISBN 3-933471-48-6
Die weltweit erste Rabbinerin

Michael Hanisch **Band 5**
Ernst Lubitsch ISBN 3-933471-54-0
Von der Berliner Schönhauser Allee nach Hollywood

Julius H. Schoeps **Band 6**
Theodor Herzl ISBN 3-933471-55-9
Die Utopie des Judenstaates

Heinrich Simon **Band 7**
Jüdische Feiertage ISBN 3-933471-56-7
Festtage im jüdischen Kalender

Heinrich Simon **Band 8**
Leben im Judentum ISBN 3-933471-60-5
– Persönliche Feste und denkwürdige Tage –

Walter Nowojski **Band 9**
Victor Klemperer ISBN 3-933471-59-1
Vom Romanisten zum Chronisten der Vorhölle

Sösemann / Frölich **Band 10**
Theodor Wolff ISBN 3-933471-62-1
Journalist · Weltbürger · Demokrat

Elvira Groezinger **Band 11**
Glückel von Hameln ISBN 3-933471-61-3
Kauffrau, Mutter und erste jüdisch-deutsche Autorin

Joanna Obruśnik **Band 12**
Jurek Becker ISBN 3-933471-57-5
Geborener Jude · Selbsternannter Atheist · Deutscher Schriftsteller

---

Reihe jüdische Memoiren

Herausgegeben von Hermann Simon
„Neue Synagoge Berlin – Centrum Judaicum"

Meno Burg — Band 1
Geschichte meines Dienstlebens
Erinnerungen eines jüdischen Majors der preußischen Armee

Jacob Teitel — Band 2
Aus meiner Lebensarbeit
Erinnerungen eines jüdischen Richters im alten Rußland

Salomo Sachs — In Vorbereitung Band 3
Mein fünfzigjähriges Dienstleben und literarisches Wirken
Ein Beitrag zur thatsächlichen Beleuchtung der Frage: »Sind Juden zum Staatsdienst geeignet?«

Karl Schwarz — Band 4
Jüdische Kunst – Jüdische Künstler
Erinnerungen des ersten Direktors des Berliner Jüdischen Museums

---

Martin Riesenburger — Band 5
Das Licht verlöschte nicht
Ein Zeugnis aus der Nacht des Faschismus
Erinnerungen an ein Berliner Rabbinerleben

Elchanan Nathan Adler — Band 6
Von Ghetto zu Ghetto
Berichte eines jüdischen Reisenden ausgangs des 19. Jahrhunderts

---

James Israel — In Vorbereitung Band 7
Meine Reise zum Sultan

Wolfgang Pintzka — Band 8
Von Sibirien in die Synagoge
Erinnerungen aus zwei Welten

Rosemarie Schuder — Band 9
Deutsches Stiefmutterland
Wege zu Berthold Auerbach

Sabine Hank und Hermann Simon (Bearbeiter)
Feldpostbriefe jüdischer Soldaten 1914–1918 — Sonderausgabe **2 Bände**
Briefe ehemaliger Zöglinge an Sigmund Feist
Direktor des Reichenheimschen Waisenhauses der Jüdischen Gemeinde zu Berlin

---

Fräulein Rabbiner Jonas — Sonderband — Zweite Auflage
„Kann die Frau das rabbinische Amt bekleiden?" – Eine Streitschrift von Regina Jonas